TEN COUNT

Rihito Takarai

5

TOKYOPOP

RIKU KUROSE

Arbeitet als Psychologe in einer Praxis für psychosomatische Medizin. Tief in seinem Herzen befindet sich ein Schalter, der nicht umgelegt werden darf, den er verleugnet und versucht zu verstecken.

STORY

Shirotani lässt sich privat von Kurose beraten, um seine Mysophobie zu überwinden. Weil Kurose sich in ihn verliebt hat und er ihn berühren möchte, geht er Shirotani eine Zeit lang aus dem Weg. Der sagt ihm, dass er es schlimmer findet, wenn sie sich nicht mehr treffen könnten. Bald darauf verführt Kurose ihn wie angekündigt und bringt ihn zum Orgasmus. Als Kurose ihm gesteht, dass er sich wegen seiner Mysophobie in ihn verliebt hat, ist Shirotani schockiert und verlässt fluchtartig Kuroses Wohnung. Er onaniert jedoch auf einer öffentlichen Toilette. Zwei Monate später begegnen sich die beiden in einem Aufzug wieder. Kurose sagt Shirotani, dass er ihn immer unterstützen wird, wenn er ihn wählt. Shirotani nimmt seine Hand und seine wahren Gefühle sprudeln heraus …

EXPOSITION MIT REAKTIONSVERHINDERUNG

Es handelt sich dabei um eine Behandlungsmethode, bei der man sich überwindet, Handlungen auszuführen, die einem widerstreben und Angst bereiten (Exposition), und gleichzeitig Zwangshandlungen, wie das anschließende Händewaschen, unterlässt (Reaktionsverhinderung). Abhängig von den Symptomen und der Situation gibt es die verschiedensten Umsetzungsmethoden. Kurose wählt eine Methode, bei der er Shirotani eine Liste mit zehn ihm »widerstrebenden Handlungen« aufschreiben und durchführen lässt. Dabei beginnt man mit der am wenigsten problematischen Handlung, die machbar erscheint, und arbeitet sich Schritt für Schritt vor.

Shirotanis Liste

DIE CHARAKTERE

MIKAMI

Ein Freund, der zur selben Zeit in der Firma angefangen hat wie Shirotani. Arbeitet in der Verkaufsabteilung. Hat Verständnis für Shirotanis Mysophobie.

KURAMOTO

Der Chef von Shirotanis Firma. Kurose hat ihn davor gerettet, von einem Auto angefahren zu werden.

TADAOMI SHIROTANI

Sekretär des Chefs. Leidet unter Mysophobie. Ist sich nicht sicher, ob seine Gefühle für Kurose Liebe sind oder doch nur eine Art von Abhängigkeit.

INHALT

Als Nächstes:
1. OG
SDC
Sst
Geht es Ihnen gut?
BWWW
BWWW
BWWW
Biep
Ja, hier Shiro-tani.
ザア
Prassel
アアア…
TEN COUNT
COUNT. 25

TEN COUNT

COUNT. 25

Entschuldigung.
Ich hatte bis eben keinen Empfang.
Prassel
Mein Aufzug ist wegen eines Blitzeinschlages stehen geblieben ...
Die Dokumente konnte ich vorher noch übergeben.
Ah, nein. Es ist alles in Ordnung.
•Verspätungen au
Saikyo-Linie
Keihin-Tohoku-
Tokaido-Haupt
Ja, ich werde ein Taxi nehmen.
Vielen Dank.
Dann werde ich direkt nach Hause gehen.
Ja. Seien Sie auch vorsichtig, Chef.
Auf Wiederhören.
Piep
Prassel
Plätscher
Plätscher
Plätscher

Plätscher
Belegt
Belegt
Nicht ein Taxi hält an ...
Außer-dem ...
... ist die Situa-tion noch unbehagli-cher ...
... als im Aufzug ...
Uhu ...
Uh ...

Aber wer weiß, ob ich Kurose noch mal so zufällig begegnen werde ...
Ku-ro...
Wenn ich es ihm also jetzt nicht sage ...
A... Also ...
Poch
Ah!
Quieh
Plitsch
Klack
Klack
Frei
Klack
Klack

……
Geh ruhig zuerst ...
Hm?
ザアアアア
Prassel
Deine Wohnung ist von hier aus weiter entfernt, oder?
Ich kann ...
... zur Not auch zu Fuß nach Hause gehen.
Zu Fuß ...?
Deine Wohnung ist auch recht weit weg, um zu Fuß zu gehen!
Auf der Straße da drüben kriege ich vielleicht noch ein Taxi.
Ich gehe da drüben suchen.
Mach's gut.
W... Warte bitte!

Verzei-hung. Fahren Sie nun mit oder nicht?
Ah!
Ent-schul-digung. Mo...
Bitte warten Sie einen Moment!
Ich kann doch nicht einfach sagen: »Ja, vielen Dank«, und ins Taxi steigen ...
W...
Wir können doch auch zusammen fahren ...

Wir können zuerst bei dir halten, damit du aussteigen kannst ...
... und dann fahre ich mit dem Taxi weiter zu mir.
Oder möchtest du das nicht?

Es wird damit gerechnet, dass die starken Regenfälle von heute Abend bis morgen in der Früh andauern.
Rausch
……
Bitte nehmen Sie sich vor den anhaltenden Überschwemmungen in Acht.
Hach ...
Vorhin ...
Hä?
Wolltest du mir nicht irgendetwas sagen?
Als wir vor dem Gebäude standen, bevor das Taxi angehalten hat.
Ku-ro...
Poch
Ah ... Ja ...

Ich wollte ... Ähm ...
Lins
Starr
Ah ...
Hasp
Ah!
Ich Idiot!
Blush
Warum muss ich gerade jetzt ...?
I...
Ich habe vergessen ... was ich sagen wollte.
Ich glaube, es war nichts Wichtiges.

Das kann ich ihm doch nicht hier sagen, wo ich mich nirgendwohin flüchten kann.
Hm ...
Dann ist ja gut ...
Ah ... Ich wusste es ...
Es läuft wirklich alles andere als gut ...
Aber es ist nicht zu ändern.
Halten Sie bitte dort an.

Wieso sollte auf einmal et- was gut laufen, für das ich mich bisher nicht an- gestrengt habe?
Quieh
Prassel
Flapp
Dann gute Nacht.
Ah ...
G... Gute Nacht.

Bamm
Pitsch
Es ist nicht zu ändern ...
Patsch
Pitsch
Patsch
Wohin darf ich Sie fahren?
Vrrrm
Ah, kehren Sie bitte zur Hauptstraße zurück ...

Rausch
Klimper
Klack
Pitsch
Patsch
Pitsch
Kurose!

TEN COUNT VON RIHITO TAKARAI

TEN COUNT
COUNT 26–27

Quieh
Kurose!
Hah Hah
Hah Hah
Hah
Katang
Hah Hah
Was ist mit dem Taxi ...?
Ä... Ähm ...
Kuro-se ...
Du hast dem Taxifahrer zu viel gegeben, oder?!

Nur ein bisschen.
Das möchte ich nicht ... Ich wollte es dir wiedergeben ...
Blick
Rausch
Und deswegen hast du das Taxi wegfahren lassen?
Glaub ich nicht.
Hä?
Nachdem wir endlich eines erwischt hatten, hättest du den Fahrer bitten können zu warten.
Uh ...
D... Du hast recht ...
Ich bin etwas überstürzt ausgestiegen ...

Du bist schlecht darin.
Du brauchst mich wirklich nicht ...
... anzulügen.
Du hast mich ...
... doch auch schon oft angelogen.
......!
Ich habe dich nicht angelogen.
Du hast mir nur nicht geglaubt.

Das, oder ...
... du tust nur so, als würdest du mir nicht glauben, weil es dich in Verlegenheit brächte, meine Worte anzunehmen.
Das ist grausam.
Aber ...
... anders als du, Kurose ...
... ist das für mich das erste Mal.
Darum kann ich nicht anders.
Als du mir gesagt hast, dass du dich wegen meiner Mysophobie in mich verliebt hast ...
... war ich furchtbar wütend und verletzt ...
... und doch war ich gleichzeitig aus irgendeinem Grund ...
... aus irgendeinem Grund ...

Ah ...
Zuck
Wuschel
»Aus irgendeinem Grund ...«?
...!
I...
Ich ...
Poch
Poch
Poch
..........!
.......!

Eigentlich wollte ich die ganze Zeit ...
... von ...
... von jemandem ...
... von dir, Kurose ...
... noch mehr berührt ...
... und beschmutzt werden ...
Nein ...
Ich wollte, dass du ...
... dich gemeinsam mit mir beschmutzt ...
Denn ich habe Angst davor ...
... das alleine auf mich zu nehmen ...
Schauder
Schauder
»Ich liebe dich« ...

Wenn ich ...
... zu dir sagen würde ... »Ich liebe dich, Kurose« ...
Hah
... würdest du ...
... mich um den Verstand bringen, nicht wahr?

Ich dachte mir ...
... dass du das irgendwann von dir aus zu mir sagen würdest.
Dass du mich von dir aus bitten würdest.
Hah
Weil du weißt, dass mich deine Tränen nicht abschrecken.
......!
So bist du nun mal.
Zitter
Zitter
Hah
Keiner kann dich so sehr um den Verstand bringen wie ich.
Hah
Hah

ザァァァァ・・・
Prassel
Bitte …
… komm mit rauf in meine Woh-nung.
Flapp
A… Auf den Bo-den …
Zuck

Zuck
Kiss
...!
Hör auf!
Das ist schmutzig!
Slrp
Bitte hör auf!
Batsch
Oh ...
T... Tut mir leid ...
Das war ein Reflex ...

Hah
Hah
Du möchtest doch ...
... dass ich Dinge mit dir mache, die dir zuwider sind, oder?
Poch
Die Dinge, die dich, der du Schmutz hasst, am meisten anekeln.
Deine masochistische Veranlagung siegt über deinen Wunsch, nicht beschmutzt zu werden.
Du bist ein hoffnungsloser Fall, was?

Am Anfang ...
... wollte ich deine Phobie wirklich heilen.
Nach und nach, unter Beobachtung der Lage.
Aber je mehr ich bei unseren wöchentlichen Treffen ...
... versucht habe, einen Blick in dein Herz zu erhaschen ...
... desto mehr kam mir der Gedanke: »Will dieser Mann nicht in Wahrheit von mir beschmutzt werden?«
Ich habe ein Gespür dafür.
....
Hah
Hah
Hah
Hah

Zuck
Zitter
Zitter
Zuck Zuck
Zitter
Leck
Ah …
Wenn es dir so zuwider ist, dass du lieber sterben würdest …
…!
… fühlt es sich sicherlich auch zum Sterben schön an.

Knarr
...!
Pack
Schauder
Ah ...!
D...
Das ist ...
Hah
Hah
Halte bitte beide Beine fest.
Quietsch
K-1
Zuck
Uwah ...
Glitsch

Steck hier ...
Ah ...
... deinen Finger rein und gewöhne dich selbst daran.
Gsch
Gsch
Gsch
...!
Das schaffst du doch, oder?
Ich pass gut auf, also dehne dich selbst.
Hah
Wenn du es gut machst, helfe ich dir auch.
Hah
Schauder
Flutsch
Schauder
Schauder
Mh ...
Hn ...
Zuck
Zuck
Hn ...
Uh ...
Zuck

Flupp
Uwah ...
Ah ...
Zuck
Zuck
Flupp
Ah ...
Flupp
Flupp
Flupp
Zuck
Zuck
Zuck
Kann es sein ...
... dass du schon selbst an dir herumgespielt hast?
Flupp
Flupp
Hn ... Hah
Huff
Es scheint dir noch besser zu gefallen als neulich.
Sniff
Hah
Es ist ...
... als hätte er mir in dem Moment zugesehen ...
Glitsch
Ah ...
Glitsch
Glitsch

Zitter
Ah …
Ah!
Flupp
Zitter
Ah …
Zitter
Ku …
Ku-ros …
Zitter
Zitter
Hnf …
Flupp
Flupp
Flupp
Beb
Glitsch
Hah
Das machst du gut …
Hah
Tschupp
Tschupp
Hnf …
Tschupp
Stups
Zuck
Zuck
Zuck

Flupp
Zuck
Flupp
Wah!
Reib
Ah!
Nicht!
Zuck
Ah!
Ah!
Reib
Wenn du so eng bist ...
D...
Zuck
Du hast ihn rein ...
Zuck
Reib
Kneif
... wird meiner nie reinpassen.
Schau.
Reib
Reib
Kneif
... dami...
...!
Hör ...
Uh ...
Hah
Poch
Kuroses ...?
Hah
Hah
Poch
Hick
Poch
Poch

TEN COUNT

COUNT. 28–29

Zuck
Zuck
Zuck
Hah
Du musst hier reiben.
Ah!
Reib
Press
Wa...
... ah!
Nein!
Ah ...
We...
Wenn du ...
Reib
Reib
Zuck
... das mahachst ...
Reib
Zuck
Zuck
Ah!

!
Zuck
Schauder
Mh ...
Schauder
Mh
Zuck
Schauder
Wah ...
Han
Han
Han
Ah ...
Sst
Zuck
Wupp
Flupp
Zuck Zuck
zuck
Hah
Han
Das hast du toll ge-macht.

......!
Schauder
Raschel
Schauder
Schauder
Mehr ...
Lobe mich ...
... noch mehr!
Sag, dass ich das toll mache ...
Hah Hah
Hah

Beb
Zuck
...!
Puh
Knarr
...
Hah
Machen wir da weiter, wo wir neulich aufgehört haben ...
... Shirotani.
Hah
Hah

Ah ...
Tschupp
Kuro ...
War ...
Flutsch
Wah ...
Uh ...
Hn ...
Tsp
Zuck
Zuck
Ah!
Zuck
Zuck
Kneif
Zuck
Zuck
Schauder
Hah
...!

Bamm
Reib
Uwah ...!
Schauder
Ah ...
Ah ...
Schauder
Hn ...
Uwah ...
Schauder
Zuck
Hah
Hn ...
Ah ...
Huch?
Hah
Bist du davon etwa gekommen?
Huff
Mh ...
Die Anspannung hat sich mit einem Mal gelöst, hm?
Mh
Dann muss ich ...
... wohl deine Ejakulation kontrollieren.
Hah

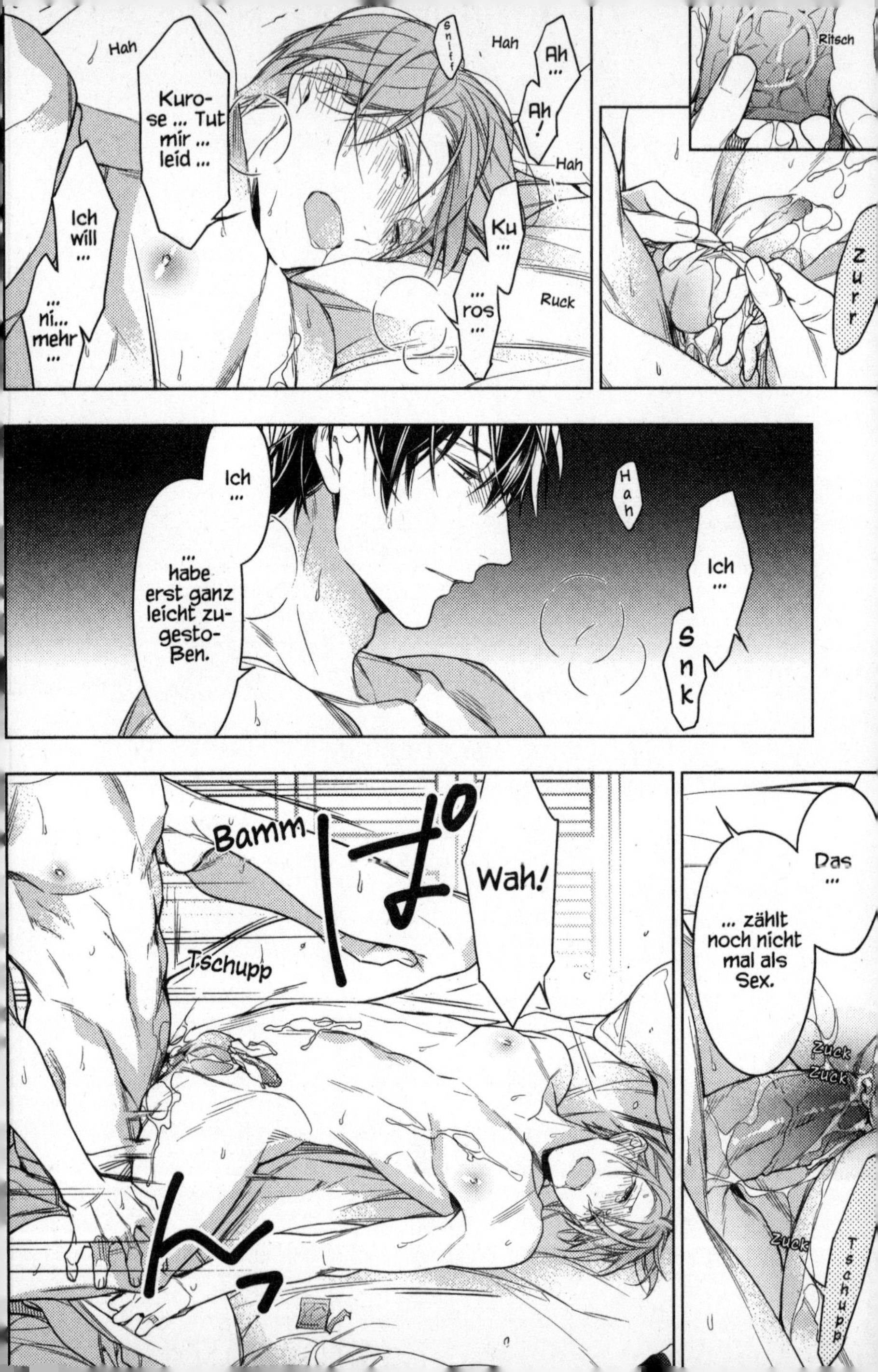

Ritsch
Zurr
Ah ...
Ah!
Hah
sniff
Hah
Ku ...
... ros ...
Ruck
Kurose ... Tut mir ... leid ...
Hah
Ich will ...
... ni... mehr ...
Hah
Ich ...
Snk
Ich ...
... habe erst ganz leicht zugestoßen.
Das ...
... zählt noch nicht mal als Sex.
Zuck
Zuck
Zuck
Tschupp
Wah!
Bamm
Tschupp

Wah
...
Bamm
Ah
...
Bamm
Wah
...
Ni...
Bamm
Ah
...
Nicht
...
Bamm
... so
tief
...
Tschupp
Bamm
Ah!
Tschupp
Tschupp
Bamm
Bamm
Uwah
...
Hn
...
Tschupp
Wuschel
Bamm
Wah
...
Tschupp
Bamm
Ich
...
Zitter
...
kom
...
Zitter
Tschupp

!
Bamm
Kneif
Kneif
Mh ...
!
Ah ...
Schauder
Schauder
Hah ...
Hn ...
Huff ...
Mir wird ...
... komisch ...
Hn ...
Puh ...
Bist du wieder gekommen?
Das geht so nicht.
Wuschel
Uh ...
Hah
Fühlt es sich widerlich an ...
Hah
Hah
Streich
Ah ...
Hah
Hah
... Shiro-tani?
Hah
Ah ...

Hah
Ah ...
Hn ...
G...
Hah
Gut ...
Da...
Hah
Das fühlt ... sich ...
... gut an ...
Hah
Poch
...!
Hah
Braver Junge.
Kneif

Kiss
Zuck
Hah
N...
Hah
Na-nu...?

Blush
Poch
Poch
Poch
Poch
Was ist das ...?
Irgendwie bin ich auf einmal ...
Poch
Habe ich gerade ...
Gutsch
... gesagt, dass es sich gut anfühlt?
E...
Poch
Poch
E... Er ist in mir drin ...
Poch
Kuroses ...

Pack
Ah ...
D...
Zuck
Zuck
Zuck
Knarr
Das ...
... reicht ...
Hah
Hast du jetzt ein wenig eingesehen ...
Hah
... dass du selbst der Lügner bist?
Hah
Bamm
Kneif
Uwah!
Bamm
Ah ...
Ah ...!
Ah ...
Bamm
Ni... mehr ...
... rein ...
Ah!

Bamm
Ah!
Ah!
Ah ...!
Knarr
Ja.
Ich sagte ...
... nicht so ...
... tief ...
... tief ...
Nicht ...
Bamm
Tief drinnen ...
...!
... prickelt es und fühlt sich gut an, stimmt's?
Bamm
Mir wird ganz kooo-misch ...
Knarr
Ah!
Zuck Zuck
Tschupp
Ahng ...
Ah!
Zuck
Zuck
Tschupp
Hah
...!
Huff
Hah
Du ...
... zuckst die gan-ze Zeit ...
Ah!
Uh ...
Hah
Streich
Kuro-se ...
Hah
Hah

Hah
Ah ...
Uh ...
Poch
Wuschel
Poch
Was ...?
Hah
Uh ...
Kurose ...
Poch
In ...
... mir ...
Hah
Füll mich ...
... innen ...
... ganz aus ...
Bit...
Hah
Hah
Hah
Hah

Uh...
Ah...

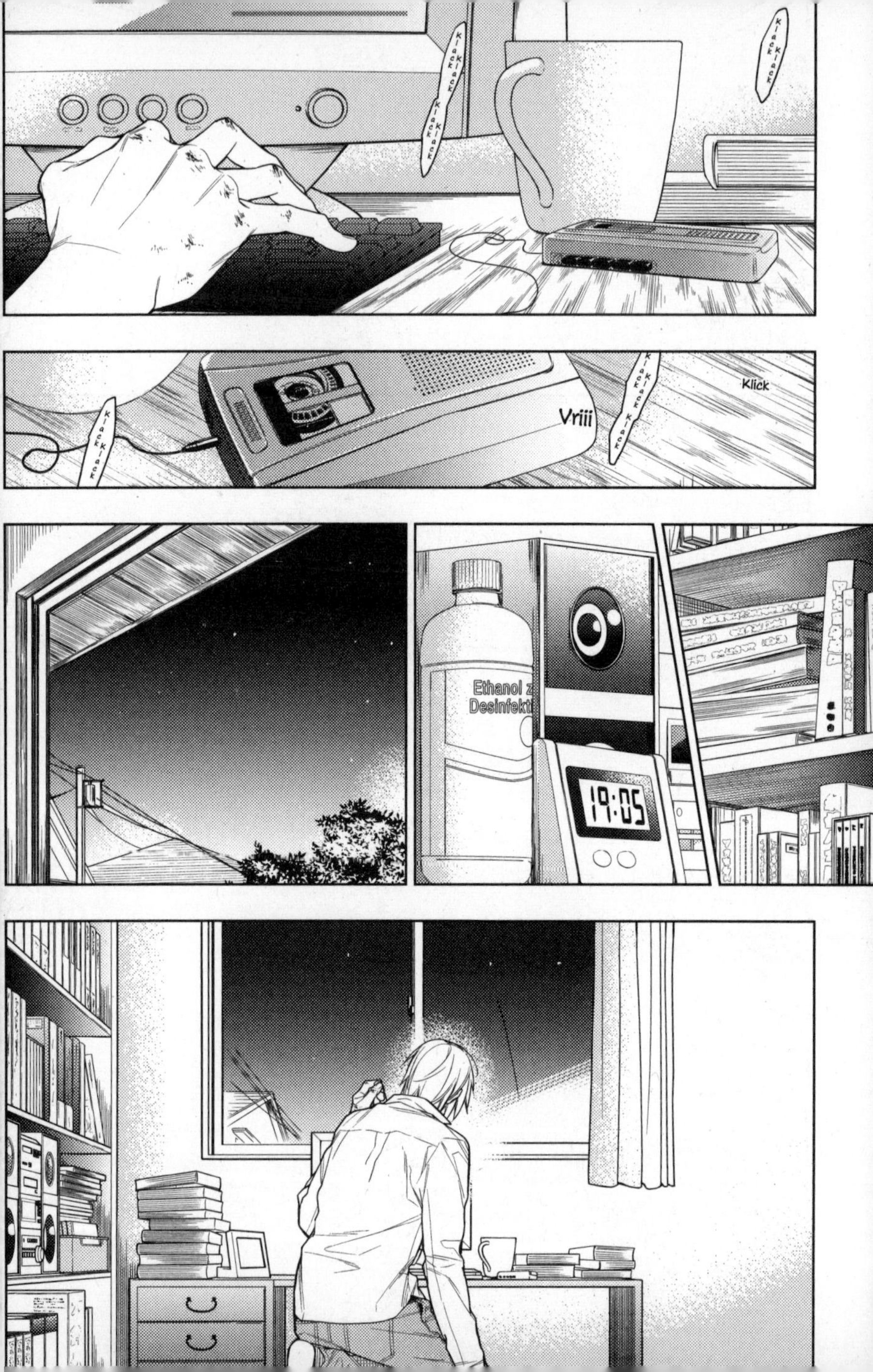
Klack Klack
Klack Klack
Klack Klack
Klack Klack
Vriii
Klack Klack
Klick
Ethanol z
Desinfekt
19:05

Was denn?
Du bist immer noch da?

Dieses Buch ...
... wirst du nicht unterhaltsam finden.
Ein eingeschränktes Leben.
Ist es für Erwachsene unterhaltsam?
Nein. Das Buch ist ziemlich langweilig.
Zsch
Zsch
Zsch
Flamm
Geh endlich nach Hause. Deine Familie macht sich noch Sorgen.
......
Das denke ich nicht ...

Glck
Glck
Eltern machen sich Sorgen, auch wenn es nicht danach aussieht.
Klack
Bin wieder da.
Es gibt Eintopf und im Kühlschrank findest du Beilagen.

……
Meine Mutter schien sich nicht für mich zu interessieren.
Ich wurde zwar nicht misshandelt ...
... und habe auch nicht in ärmlichen Verhältnissen gelebt ...
... aber ob ich gute oder schlechte Noten mit nach Hause brachte ...
... nicht aufaß oder ein wertvolles Kleid schmutzig machte ...
Es war immer egal. Ich wurde nie besonders schlimm ausgeschimpft oder gelobt.
He, was ist das denn?
Dabei habe ich es erst einmal getragen ...
Na ja, was soll's.
Das ist ein guter Vorwand, um mir ein Neues kaufen zu lassen.

Gleichgültigkeit.
Vielleicht sollte ich lieber sagen, dass sie ...
... nicht nur nicht an mir, sondern bestimmt an so gut wie nichts außer sich selbst interessiert war.
Mein Vater war immer mit seiner Arbeit beschäftigt und fast nie zu Hause.
Seine Ehefrau betrachtete er offenbar eher als Frau, die einfach nur da zu sein und schön auszusehen hat, statt als Mutter.
Meine Mutter wirkte auf mich wie ein Accessoire oder so etwas in der Art, das er zu beruflichen Veranstaltungen mitnahm ...
... daher glaube ich, dass er sich für nichts außer der Arbeit interessiert hat.
Nächste Woche werde ich für eine Woche auf Geschäftsreise sein.
Ach so. Dann werde ich der Haushälterin Bescheid sagen.
Sie soll die Hemden aus der Reinigung abholen.

Mutter, hast du das Buch *Ein eingeschränktes Leben* gelesen?
Weiß nicht ...
Nein, habe ich nicht.
Riku, so ein Buch liest du? Ist das in der Schule gerade angesagt?
Nein.
Ähm ...
Weißt du was? Riku hat das Kleid ruiniert, das du mir neulich gekauft hast.
Jetzt habe ich kein Kleid, das ich tragen kann, wenn ich am Wochenende weggehe.
Du hast doch jede Menge Kleider im Schrank hängen ...
......
Aber neulich habe ich mit meinen Freundinnen ...

Nishigaki
......
Du bist schon wieder da?
Was ist mit deinen Schulfreunden?
Haben Nachhilfe.
Und du?
Du hast doch nicht wieder geschwänzt, oder?
Heute habe ich keine.
Wirklich?
Ich bekomme eh keinen Ärger, egal ob ich schwänze oder nicht.
Das ist doch nicht das Problem!
Ich war fast täglich in der Wohnung eines Mannes namens Nishigaki und habe dort die Zeit totgeschlagen.
Etwa ein Jahr zuvor ...

... warf ich absichtlich mit einem Ball eine Fensterscheibe kaputt.
Es war diese Wohnung, zu der mich die Haushälterin brachte, damit ich mich entschuldigte.
Danach ging ich oft hier vorbei und spähte in seine Wohnung.
Und ehe ich mich versah, war ich hier Stammgast.
Nishigaki war ein Mann ...
Wenn du ständig hier ein und aus gehst ...
Mecker
Mecker
... und die Nachbarn werden mir alle möglichen komischen Sachen ...
... der den Leuten beim Reden nur selten ins Gesicht sah.
Auch wenn er sich jedes Mal mit leiser Stimme beschwert hat ...
... hat er mich nie völlig ignoriert.

50%
Desinfektions-spray
400ml
Starr
Was ist denn?
Was ist das hier, das du immer benutzt?
Das ist Alkohol.
Schlapp
Schlapp
Damit wischst du auch immer den Tisch ab.
Auf dem Tisch sind Staub und Fingerabdrücke und solche Sachen. Das mag ich nicht.
Bin ich genauso schmutzig wie der Tisch?
Dummkopf. Menschen sind dreckiger als Toiletten.
Ich bade jeden Tag. Ich bin nicht schmutzig.
Das ist nicht das Problem.
Das hier ist meine Wohnung, also mach, was ich sage.

Ich kann es nicht aus-stehen, Fremde in meiner Wohnung zu ha-ben.
Mecker
Trotz-dem drängst du dich jeden Tag hier auf.
Mecker
Der Abfluss in deinem Bad ist schmut-zig.
Wa…?!
Stöber nicht auf eigene Faust hier he-rum!
Wie soll ich denn einen dreckigen Abfluss sauber machen ?!
Häääää …?
Genervt
Genervt
Genervt
Genervt
Ach Mann!
Halt einfach die Klap-pe!
Lies irgend-eines von den Büchern dort!

Eine Weile später verstand ich ...
NHT
Langes Händewaschen
Man kommt nicht zur Ruhe, wenn man nicht putzt.
... dass Nishigaki nicht »Sauberkeit liebte«, sondern »Angst vor Schmutz hatte«.
Ah ...
Das ist genau wie bei Nishigaki.
entralbibliothek
490 Medizin
491 Grundlagenmedizin
492 Klinische Medizin, Diagnostik
Mehr über klinische Psychologie
Verhaltenstherapiekonferenz
Rehabilitation bei Mysophobie
Therapien für Mysophobie
Grundlagen und Techniken zur Heilung von Angst- und Zwangsneurosen
Alles, was Sie über Zwangsneurosen wissen wollen
Linderung von Mysophobie
Die Mysophobie und ich
Die Welt der Zwangsneurosen
Zwangsneurosen in Bildern
Behandlungsmethoden bei Zwangsneurosen
Ich bin Herr Mysophobie!
Leitfaden der psychiatrischen Behandlung
Leitfaden psychiatrische Behandlung
Psychiatrie für Assistenzärzte
Einfach erklärte Psychiatrie
entale Gesundheit für die Grundschule
sammelte Praxistipps für die Psychiatrie 1
sammelte Praxistipps für die Psychiatrie 2
Psychopharmakologie

Anfangs wird in
gewaschen und gegurgelt.
gemeinsam Eintöpfe essen. Da ihnen der
auf Toiletten keine Ruhe lässt, müssen sie sie
reinigen. Da sie Angst vor Bakterien haben,
sogar im Haus eine Atemschutzmaske.
waschen sie sich sofort die Hände,
werden. Sie gehen mehr als zwei Mal
Nachdem der Besuch ihre Wohnung
müssen sie unbedingt putzen.
Freunde, lassen sie diese vorher
desinfizieren.
Blätter
Nachdem der Besuch ihre
müssen sie unbedingt putzen. Handelt es sich
müssen sie unbedingt putzen. Handelt es sich
Freunde, lassen sie diese vorher Hände und
desinfizieren.

Klack
Klack
Klack Klack
Hach ...
Du bist schwer.
Setz dich da drüben hin.
Ach, »Du bist schwer« und nicht »Berühre mich nicht!«?
Wenn du täglich herkommst, gewöhne selbst ich mich an dich.

Hach ...
Ich sollte wohl auch rausgehen und mir drau-ßen Arbeit suchen.
Hä ...?
Kannst du deine momenta-ne Arbeit nicht mehr machen?
Klack
Klack
Klack Klack
Das nicht, aber ...
Doch ...
Klack
Es geht so nicht mehr weiter.
Ich mache diese Arbeit ja nur, weil ich die Woh-nung nicht verlassen will.
Und in letz-ter Zeit kommen weniger Aufträge rein.

Wenn das so weiter-geht, lebe und sterbe ich irgend-wann, ohne mit jeman-dem inter-agiert zu haben.
Ich habe keinen Schimmer, wofür ich überhaupt lebe.
Du hast doch mich.

TEN COUNT VON RIHITO TAKARAI

Du hast doch mich.
TEN COUNT
COUNT. 30–31
Ha ha ...
Wenn ich einen kleinen Bruder hätte, ob der dann genauso frech wäre wie du?
Was macht dir hier überhaupt so viel Spaß, dass du ständig aus eigenem Antrieb herkommst?

TEN COUNT
COUNT. 30–31

Warum hast du meine Fensterscheibe zerbrochen ...?
Du hast eine ordentliche Schultasche und wie ein Lausbube wirkst du auch nicht. Das muss doch einen Grund gehabt haben?
Ich kann aber nicht unterstützen, dass du auch noch ein Stubenhocker wirst, wenn du weiter herkommst.
se waschen sie sich sofort die
werden. Sie gehen mehr als zwei Mal täglich
Nachdem der Besuch ihre Wohnung verlass
müssen sie unbedingt putzen. Handelt es
Freunde, lassen sie diese vorher Hände
desinfizieren.

Du hast doch mich.
Domp
Was ...?

Ist doch okay, so wie es ist.
Draußen gibt es nichts Interessantes.
Was redest du da ...?
Bin ich nicht als Einziger »besonders«?

Zieh
Leck
?!
—!
Rumms
Hör auf!
Schauder

Was …
Was ist los mit dir?!
Geh nach Hause! Sofort!

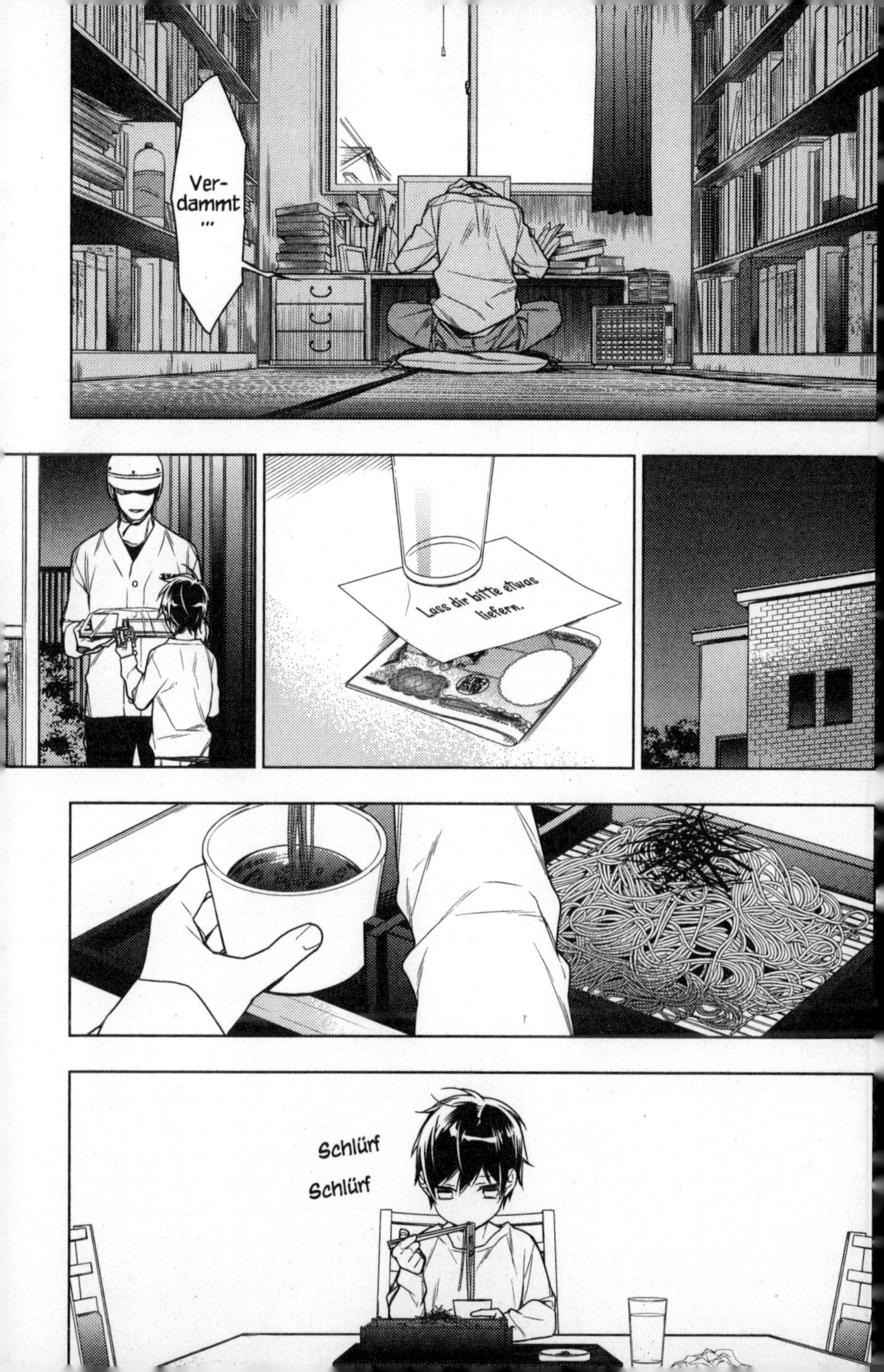
Ver-
dammt
...
Lass dir bitte etwas liefern.
Schlürf
Schlürf

Dabei gibt es draußen doch nichts Interessantes ...
....

»Wenn ich die Vorhänge zugezogen habe, schlafe ich, also komm bloß nicht her.«
»Selbst wenn du kommst, schicke ich dich wieder weg.«
1F/2F/3F BOOK STORE
Bücher
23
Im 4. OG. Bis 23 Uhr geöffnet.
Etage für Schreibwaren geöffnet
Auskunft
Zeitschriften
Murmel
In letzter Zeit weiß ich nicht, wo ich auf dem Heimweg vorbeigehen soll ...
Murmel

Spling
Rechnen
今話題！
売れてます！
Bestseller
Das neueste Werk von Kenjiro Okimura, dem Autor von
Ein eingeschränktes Leben
Das neueste Werk von Kenjiro Okimura, dem Autor von
Ein eingeschränktes Leben
...illionen verkaufte Exemplare!
Ah, das ist doch ...
Vielen Dank!
春の文学
KYOBUNDO

Ist interessanter als das Letzte.
Klack
Batang
AM 00:21
Ob Mutter das lesen wird?
Ich gebe es ihr, bevor ich es Nishigaki leihe. Er wird dann wahrscheinlich den Umschlag desinfizieren.

Oh nein! Ha ha!
Das ist doch das Gleiche wie mit deinem letzten Mann.
Ja, dann bis bald.
Piep
Klack
Riku, du bist noch auf? Geh schnell schla-fen!
Mutter, ich habe hier ein Buch von dem Au-tor, von dem ich neulich sprach.
Das neueste Werk von Kenjiro Okimura, dem Autor von
Ein eingeschränktes Leben
Über 2 Millionen verkaufte Exem
Ein Buch ...?
Über so was haben wir ge-redet ...?
Ah, ich ver-zich-te.
Ich habe Prüfungen und Tests gehasst.
Ich kann keine ge-druckten Texte mehr sehen.

Klack
Ich bin zu Hause.
Willkommen daheim.
Batang
Was macht ihr beiden denn hier?
Ach, nichts weiter.
Hm? Dieses Buch ist doch gerade ein Bestseller, oder?
Das neueste Werk von
Okimura, dem Autor von
Ein eingeschränktes Leben
Da liest du ja ein richtig erwachsenes Buch.
Hast du dir das von einem Lehrer ausgeliehen?

Nein. Ich habe ein Buch von diesem Autor ...
... bei einem Mann namens Nishigaki gelesen.
Nishigaki?
Du meinst den Nishigaki, bei dem du mal eine Scheibe eingeschlagen hast, Riku?
Der ist doch verschollen.
Hä ...?
Das war erst vor Kurzem Thema unter meinen Freundinnen.

Der Mann, der dort wohnt ...
... geht nicht arbeiten und verlässt nie das Haus.
Er ist immer schlampig gekleidet und ein wenig zum Fürchten, oder?
Als eine Frau aus der Nachbarschaft etwas für ihn aufgehoben hatte, hat er sogar mit voller Wucht ihre Hand weggeschlagen.
Er soll letztens plötzlich verschwunden sein. Vielleicht hat er sich bei Nacht und Nebel aus dem Staub gemacht ...
... oder er hat Selbstmord begangen?
He, hör auf damit! Nicht vor Riku!
Herrje ...
Ich hielt dich vorher schon für ein merkwürdiges Kind ... aber den hast du in seiner Wohnung besucht?

Ich hoffe, die Nachbarn haben das nicht gesehen.
Tapp
Tapp
Tapp
Batang
von Kenjiro

Hah
Hah
Hah
Hah
Selbst-mord?
Geh nach Hau-se!
So-fort!
Ist das meine Schuld?
TOCK

Aber ...
... ich war doch etwas Besonderes ...
Ich war ...
... Nishi-gakis ...

Hasp
»Ich hielt dich vorher schon für ein merkwürdiges Kind ...«
Ich bin merkwürdig ...
Ich muss ihn heilen ...
Aber ...
... wie soll das gehen ...?
Zufällig erinnerte ich mich an das Buch in Nishigakis Wohnung.

Dafür, dass er sagte ...
... es sei nicht unterhaltsam, war es sehr abgegriffen und hatte viele Knicke. Das beschäftigte mich.
Ein eingeschränktes Leben
Es war ein total zerfleddertes Buch, das ich nur überflogen hatte.
Wenn ich dieses Buch noch einmal lese, verstehe ich Nishigaki vielleicht ein wenig besser ...?
Ein eingeschränktes Leben ...
1F/2F/3F BOOK
5F
Ah, das haben wir hier nicht auf Lager.
Ich kann es dir aber bestellen, wenn es nicht vergriffen ist.

Raschel
Raschel
Ein einge-
schränktes
Leben
Kenjiro
Okimura
Blät-
ter
chte in meinem Kopf ein
von auf. Fast so, als wäre mein
opf bis gestern in meinem toten-
illen Zimmer gefangen gewesen.
Ach, wenn ich morgen doch nur
wieder normal sein könnte. Ich
sogar, dass wenn es nur
mein Verhalten

Das Buch beschrieb die Qualen und die Einsamkeit einer Person, die von der Mysophobie gefangen war.
»Dieses Buch wirst du nicht unterhaltsam finden.«
»Ist es für Erwachsene unterhaltsam?«
»Nein. Das Buch ist ziemlich langweilig.«
Die Angst, von der Außenwelt isoliert zu sein …

... und die Einsamkeit durch das Gefühl, von niemandem geliebt zu werden ...
... trafen mich aus irgendeinem Grund genau ins Herz, obwohl ich selbst nicht an Mysophobie litt ...
... und ich fühlte Reue.
Auch wenn ich ihn nicht retten konnte, hätte ich ihm wenigstens einen Schubs geben können.
Das hätte mir möglich sein sollen.
Aber ich wollte nicht, dass Nishigaki mich verlässt.
Kenjiro Okimura

Beim nächsten Mal ...
Leicht verstehen und therapieren
Finale illustrierte Ausgabe
Zwangsstörungen im Detail
bei Zwangsstörungen
Beim nächsten Mal muss ich ...

... einen Menschen wie Nishigaki unbedingt retten.
Damals hatte Nishigaki wahrscheinlich niemanden außer mir.
Beim nächsten Mal darf ich keine Fehler machen.

Beim nächsten Mal ...
Blinzel
Knarr

Dös
Hä ...?
Tschilp
Tschilp
Ich bin nicht zu Hause ...?
Ähm ...
Träge
Ich ziehe erst mal mein Hemd an ...
Glitsch
!!
Wah
Ah, stimmt ja ...
Jetzt weiß ich es wieder ...
Ich ...

......
Kurose
...
Blätter

köchel köchel
köchel köchel
Klick
klack
Guten Morgen.
Du möchtest sicher duschen, oder?
Ich habe ein Handtuch für dich auf die Waschmaschine gelegt.
Ja ...

……
Ich ...
... habe schon wieder einen Fehler gemacht, was?
Dabei wollte ich diesmal ...
... keine Fehler machen ...
Ich habe dich ...
Kurose ...?

……
Möchtest du Wasser?
Ich möchte Kaffee trinken.
Dann …
… schenke ich dir auch eine Tasse ein.
Klack

Tock
Gluck
Gluck
Gluck
Deine Augen sind knallrot.
Tut dir etwas weh?
Ich habe mich ein bisschen daran gewöhnt ...
... so berührt zu werden.

Du machst ...
... ständig Sachen, die mir wider-streben.
......
Weil ich denke, dass du dir wünschst, dass ich das tue.
Das ... weiß ich nicht ...

Aber es kam mir so vor, als würdest du darauf warten, dass ich dich von mir wegstoße.
Als würdest du mich testen.
Als hättest du Angst.
Ich habe eben den zehnten Punkt in meinem Notizbuch ausgefüllt.
Versuch mal, ihn zu erraten.

Du sagtest, wenn ich den zehnten Punkt ausgefüllt habe, würdest du ihn mir verraten ...
... deinen »Grund«.
......!
Den habe ich dir schon genannt.
Ich sagte doch, dass ich es ernst meine.
Aber ...
... da muss doch noch etwas anderes sein, abgesehen davon?
Ja, da ist etwas.

Ich liebe dich.
Der Grund ist, dass ich mich in dich verliebt habe.
W...
Weil ich Myso-phobie habe, oder?
Aber ich ...
Selbst wenn nicht ...

... hätte ich mich wahrschein-lich in dich verliebt.
Hff
Nach-dem je-mand wie ich dich an der Nase herumge-führt ...
... und schlimme Dinge mit dir ange-stellt hat, bist du den-noch so anhäng-lich.
Du bist unheimlich süß. Ich kann einfach nichts dagegen tun!

Kuro ...
Entschuldige, dass ich mich in dich verliebt habe.
Ich liebe dich so sehr.
Bitte ...
... lass mich nicht im Stich, ja?

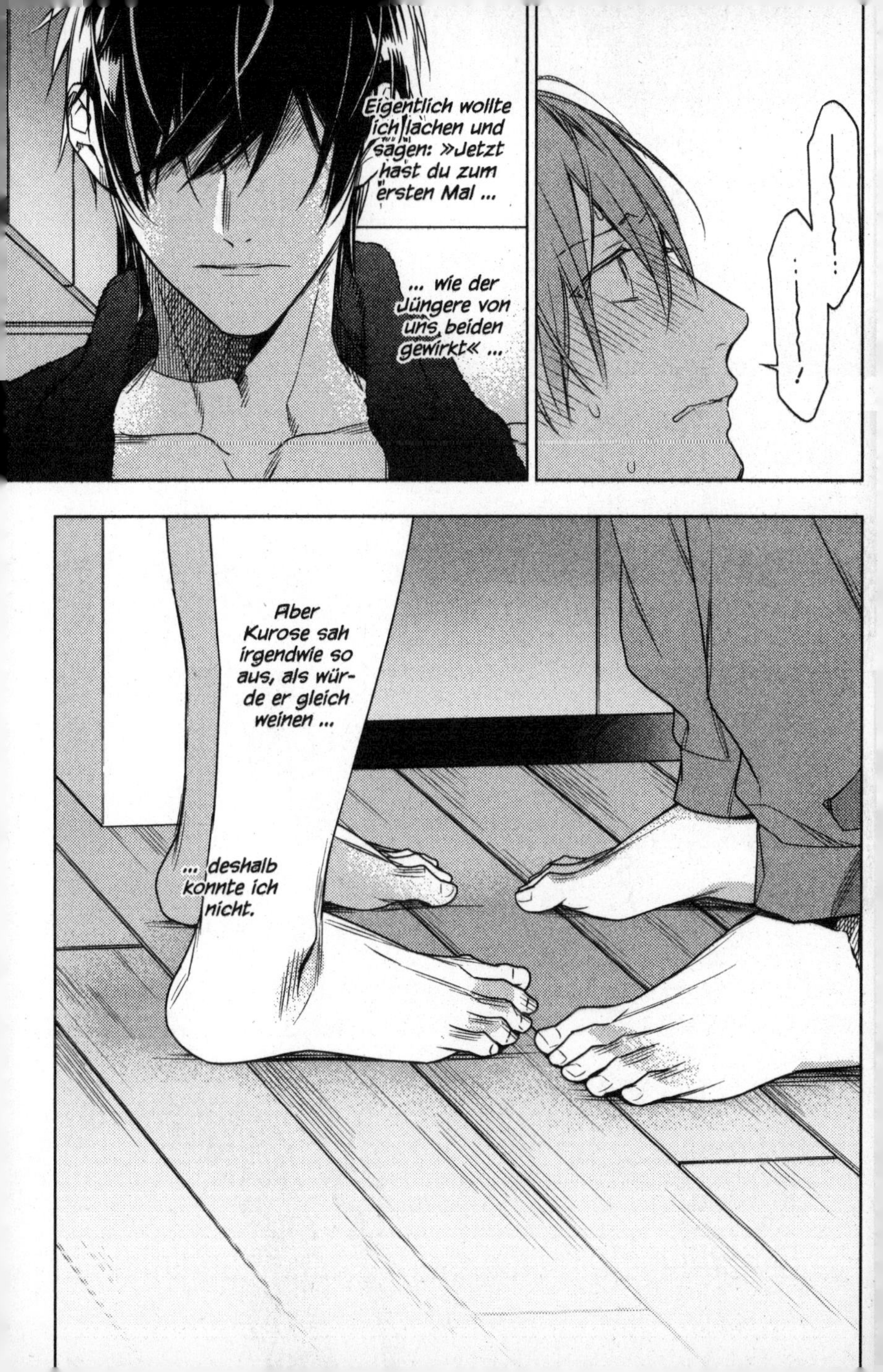

......!
Eigentlich wollte ich lachen und sagen: »Jetzt hast du zum ersten Mal ...
... wie der Jüngere von uns beiden gewirkt« ...
Aber Kurose sah irgendwie so aus, als würde er gleich weinen ...
... deshalb konnte ich nicht.

TEN COUNT
COUNT. 32–33

»Bitte ...
... lass mich nicht im Stich, ja?«
Ich soll ihn nicht im Stich lassen ...?
Warum sagt er so was ...?
Ich war es doch, der sich im Stich gelassen vorkam ...
... als er meine Hand losließ ...
Wenn du das tust ...
... werde ich dich stützen, damit du nicht umfällst, egal was passiert.
War ich es nicht, der sich verzweifelt an ihn geklammert hat?

Warum machst du so ein Gesicht?
Und warum ...
Poch
... zittern meine Hän-de gerade so?
Poch
Poch
Poch

Ich hasse Menschen.
Schon der Gedanke daran, umarmt zu werden oder die Haut eines anderen zu berühren, lässt mich erschaudern.
Kurose.
Obwohl es mir ...
... definitiv so zuwider ist, dass ich lieber sterben würde!...
... und obwohl ich Kurose auf keinen Fall beschmutzen möchte ...
Trotzdem ...
Ich ...

Piep
Piep
Piep
Piep
Piep
Piep
Das ist dein ...
Piep
Ah!
Piep
Mein Wecker!
Was? Musst du heute in die Firma?
Nein. Ich stehe auch an meinen freien Tagen früh auf.
Um nicht aus dem Rhythmus zu kommen.
Ach so.
Piep
Piep
Piep
Piep
Ich schalte ihn aus.
Piep
Piep

Rausch
AMM
Der Morgen danach
Alle Linien nehmen die Fahrt
Bitte sehr.

Riecht gut.
…!
…!!
Pfuh
Schluck
Wir sprechen gar nicht über den zehnten Punkt …
Shiro-tani.

Hast du alles gründlich ausgespült?
Das Sper...
Buwah!
Hust
Hust
Hust
Hust
Wenn du es nicht gründlich ausspülst, wird dein Magen nachher ...
Hä ...?
Schreck
Das ist nicht gut für den Magen ...?
Ich merke noch nichts ...
Seufz
Ruf mich an, falls etwas sein sollte, ja?

Ja ...
Ich dachte eigentlich, jemandem wie mir, der unter Mysophobie leidet, würde das Leben viel schwerer fallen als einem normalen Menschen.
Und doch ist der Unterschied gar nicht so groß, wenn ich wie jetzt gerade vorgebe normal zu sein und Kaffee trinke.
Auch wenn ich mich von Kurose berühren lassen und Kaffee trinken kann ...
... bin ich immer noch ich.
schluck

Hah ...
Schön warm ...

esellschaft Tosawa
Guten Morgen, Mikami.

Oh!
Morgen!
Ich habe gehört, du warst letzte Woche bei dem Taifun alleine unterwegs, um Unterlagen zu überreichen?
Das war sicher furchtbar.
Mein Aufzug ist stecken geblieben ...
Was?!
Das ist echt hart.
Alle, die noch in der Firma waren, konnten auch nicht nach Hause. Es war eine Qual.
Kann ich mir vorstellen.
Mikami.
Hm?
Klack
Ich möchte mich für neulich entschuldigen.

Ich war irgendwie ein bisschen ...
... ausgelaugt ...
Ist irgendwas passiert, wofür du dich entschuldigen müsstest?
Ja.
Danke.
Ich lade dich demnächst mal zum Mittagessen ein.
Super!
Keine Ahnung warum, aber ...
Ich werde aber nichts essen.
Haha.
Klar.
Shirotani, hör mal ...

... falls es außer mir noch jemanden gibt, dem du das sagen möchtest ...
... solltest du es tun.
Hä?
Ach, es ist nur ...
Dass du gereizt bist, deine Frisur änderst, ausgelaugt und dann wieder gut gelaunt bist ...
Ich dachte mir, wenn du wirklich alleine wärst, hättest du doch nicht all diese Stimmungsschwankungen.
Die Person, der du das sagst, wird sich definitiv freuen.
Ding
Dong
Ah.
Na ja, so was in der Art hab ich mir einfach gedacht.

Mach dir keine Gedanken.
Mikami.
Bis dann.
Sst

Neue Nachricht
Empfänger: Riku Kurose
Betreff:
Ähm ...
Neue Nachricht
100%
Empfänger: Riku Kurose
Betreff:
Guten Abend. Es wird neuerdings immer wärmer. Hast du schon deine Sommerkleidung rausgeholt?
Ich trage ja das ganze Jahr über Anzüge, also muss ich verhältnismäßig wenige Kleidungsstücke auswechseln. Wenn es warm wird, sind Anzüge aber d
Zu lang!
Das ist zu viel des Guten an belanglosem Geplauder. Das wird zu lang!
Neue Nachricht
Empfänger: Riku Kurose
Betreff:
Ich muss mit dir reden. Bitte komm nächsten Samstag in das übliche Café.
Aber ich weiß ja nicht mal ansatzweise, wie ich mit ihm reden, was ich sagen und wo ich anfangen soll ...
Das ist irgendwie zu bedrückend ...

Das geht so nicht!
Hm ... Das ist auch irgendwie ...
Es sollte natürlicher klingen ...
Als ginge es nicht anders ...
Neue Nachricht
100%
Empfänger: Riku Kurose
Betreff:
Es gibt da ein Restaurant, in das
ch gerne mal gehen würde, aber
leine fällt es mir schwer.
ürdest du mich begleiten?
Hah
Hah
Hah
Das ist es!
Das ist die Lösung!
Diese Mail ist so unverfänglich, wie eine Mail nur sein kann!
Besser geht es nicht.
Nein!
Moment ...!
Vorher muss ich noch einen »Ort, an den ich gehen will« aussuchen!
Klack
Klack
Klack
Klack
Ähm ...
Urgs ...
Das hier geht nicht, wir sind ja kein Pärchen ...
Da fällt mir auf, es gibt ja massenweise Freizeitangebote für Pärchen ...
Das hat mich nie interessiert, deshalb wusste ich das nicht ...

Klack Klack
Klack
Plätscher
Quieh
Tock
....

SUPER MOLLION HAIR
スーパーモリオン
Hach ...
Oh nein, schon wieder meine schlechte Angewöhnheit ...
Immer wenn ich nervös bin, bin ich viel zu früh da.
Shirotani.

Du bist früh dran.
Hä?
Das sagst du zu mir?!
Du bist ja noch früher dran als ich, Kurose.
Ach, ich war mit meinen Erledigungen am Vormittag früher fertig ...
... da bin ich irgendwie ...
Ich bin früher gekommen, weil ich so glücklich war, dass du mich eingeladen hast.
Ach, das ist gelogen ...

Hä?
Ah ...
B...
Bitte hör auf, so was mitten in der Stadt zu sagen!
Es hört doch niemand zu ...
Ich weiß doch gar nicht, was ich darauf erwidern soll!
Ich freue mich, dass dich das so aus der Fassung bringt.
Lass uns gehen! Na los!

Oh nein! Es läuft genauso ab wie immer!
»... falls es außer mir noch jemanden gibt, dem du das sagen möchtest ...
... solltest du es tun.«
Davon bin ich noch ganz schön weit ent-fernt ...

UN
QLO
無印良品

TEN COUNT VON RIHITO TAKARAI

BONUSSEITEN
»KUROSE, SHIROTANI UND DER KONFLIKT«
Eines Tages in der Aktiengesellschaft Tosawa
Ich bin mit den Daten fertig.
Ich habe sie hochgeladen.
Oh, danke, Keita.
Wenn sich Kollegen mit Vornamen anreden ...
... wirken sie irgendwie gleich viel umgänglicher, oder ...?
Krack
Shirotani, nennst du Jüngere immer beim Nachnamen?
Hä?
Ist das komisch?

Nein, ist es nicht.
Ich dachte nur, deine höfliche Art zu sprechen und wie du mich anredest, hat sich nicht verändert, obwohl wir uns nun schon eine Weile kennen.
Ich bin ja jünger als du, da brauchst du nicht so höflich mit mir zu sprechen.
Du kannst mich auch gern mit Vornamen anreden.
Ähm ...
Aber ich habe mich schon so daran gewöhnt ...
Stimmt ja, Kurose sagte schon mal so etwas.
Jetzt noch damit anzufangen, ihn beim Vornamen zu nennen, ist quasi unmöglich ...
... solange es nicht irgendeinen Anlass dazu gibt.
Shirotani, für dich geht es in dieser Richtung nach Hause, oder?

Ja. Es ist nicht weit, also werde ich laufen.
Und du, Kurose ...?
Ich habe mein Fahrrad am Bahnhof abgestellt.
Ich bringe dich noch ein Stück.
Gute Idee, Kuro ...
Oh, danke, Keita.
Ah
K...
Rik... Rik...
Shiro-tani?
Rik?
Rikscha! Fahren wir mit einer Rikscha, Kurose!
?
Aber ...
... so etwas werden wir hier nicht finden.
Ha ha ...
Da hast du wohl recht.

Ähm ...
Ri... Ri...Ri... Ri...Rik... Request! Wenn du einen Wunsch hast, singe ich für dich!
Ui.
Dann sing bitte Herzklopfen macht bekloppt.
Uh ...
Dieses Lied kenne ich nicht ...
Tut mir leid ...
Ri...
Rik... otta! Was für Ricotta isst du am liebsten?
Rik... Ricken! Hast du schon mal gesehen, wie eine Ricke ein Kitz bekommt?
Risiken bei ...
Ringelblumen sind ...
....

Shiro-tani.
Nenn mich einfach so wie immer.
Kurose ...
Was gibt es, Tadaomi?
Nenn du mich bitte auch wie immer, Kurose!
Wusch
Ups ...
ENDE

Herz-klopfen macht bekloppt geht so!
♪ Bekloppt! Bekloppt! ♡ Mit eurer Liebe geht ihr anderen nur auf den Keeeheeks! ♡ Poch! Poch! ☆ Bekloppt!
Uwah! Kurose, du klingst genau wie der eine Sänger, den ich mal mitten in der Nacht in einem Anime gesehen habe!
Bravo!

TEN COUNT VON RIHITO TAKARAI

Im Januar wurde in Japan das dritte Volume der Drama-CD veröffentlicht.
Ich möchte euch allen für eure Unterstützung danken.
DRAMA-CD »TEN COUNT ❸« – DER AUFNAHMEBERICHT
Ebenso wie bei Volume 1 und 2 ...
... spricht Shinnosuke Tachibana den unter Mysophobie leidenden Tadaomi Shirotani ...
Wie Maeno
... und der Psychologe Riku Kurose wird von Tomoaki Maeno gesprochen.
Ich stelle die Sprecher hier stellvertretend wie die Figur dar, die sie gesprochen haben.
Sein Kollege Mikami und sein Chef Kuramoto wurden von Jun Fukushima und Isshin Chiba gesprochen.
Die Stimmen des reinen Gewissens in *Ten Count*.
Im Gegensatz zu Shirotani und Kurose sind die beiden heitere und aufgeweckte Charaktere, weshalb sich ein Gefühl der Erleichterung in mir breitmachte, als sie ihren Auftritt hatten (lach).
Im dritten Band gab es auch für *Ten Count* verhältnismäßig viele Szenen, in denen es heiß herging.
Er ist in Shirotanis Zimmer eingedrungen.
Sie waren zusammen einkaufen.

Auch Shirotani war Kurose mit seiner wie immer extrem coolen Stimme total verfallen ... (vermutlich)
Abschirm
Er flüstert ihm im Aufzug aus nächster Nähe etwas zu.
Shirotani.
Geh zurück.
Shirotanis ...
Wah ...
Hä ...?!
Häää ...?!
... überraschte Reaktion war herrlich niedlich.
In den erotischen Szenen ...
Tut mir leid.
Hat das wehgetan?
Er ist so böse! Total cooooo l!
Ich ...
... hab immer noch keine Kraft in den Beinen.
E... Es geht nicht.
Wie er weint, ist so süüüüüß!

Meine Redakteurin sagte Folgendes ...
Das wird Tachibana früher oder später einsprechen ...
Ni...
... als ich das Storyboard für Kapitel 17 einreichte.
Redakteurin
Schluck
Und nun wird die Szene, die meiner Redakteurin den Atem verschlug, endlich aufgezeichnet.
Ne...
Um Himmels willen!
... du öffnest ...
... deinen Mund doch gerade von selbst.
Um Himmels willen, Leute!
Kurose bedrängt ihn mit einer gelassenen und sanften Stimme ...
... und Shirotani ist wie ein kleines Tier, das durch die kleinste Bewegung von Kuroses Finger vor Angst erzittert. Er ist so erotisch und niedlich.
Wah!
Zuck
Uh ...
Stups
Uhu ...
Zuck
Stups
Bitte hör auf!
Zuck
Während der Aufnahmen für eine Drama-CD ist das Tragen einer Maske für mich unentbehrlich.
Hah ...
Die Mimik ist merkwürdig ...
Hah ...
Hah ...

Im Freetalk von Volume 1 und 2 erzählte Herr Maeno, dass er selbst eine leichte Mysophobie hat.
Er mag es nicht, wenn andere ...
WC
... bei ihm zu Hause die Toilette benutzen.
Diesmal gab es wieder eine Unterhaltung über das Trinken aus demselben Glas oder das Essen von etwas Angebissenem ...
Frage: Würdest du ein angebissenes Stück Pizza essen?
Nein, nein, nein!
Auf keinen Fall! Das lehne ich ab.
Ach so.
Dann kannst du wohl auch nicht das Spiel spielen, einen Mikado zu zweit von beiden Enden her zu essen.
Oh! Das würde ich gerne mal machen!
Das würde ich gerne machen!
Das würde ich sogar sehr gern!
Das willst du also mal machen?
Tachibana
Er würde es gerne einmal ausprobieren.
Ich habe es also gezeichnet.
Wie lieb er ist, Shirotani die Seite mit der Schokolade essen zu lassen.
Es gibt zwar nicht wirklich so ein Mikado-Spiel in Band 3 und somit auch nicht auf der CD ...
... aber ich hoffe, ihr habt dennoch viel Spaß mit *Ten Count*!
Mikado

TEN COUNT VON RIHITO TAKARAI

Wenn ich Kurose in Bonusmanga total abscheulich darstellen kann, bin ich sehr zufrieden! Da ich aber oft Kommentare wie »Kurose ist ein Mistkerl« erhalte, dachte ich, es wäre schön, wenn der Bonusmanga diesmal eine Abwechslung davon bietet.

Der Manga wird noch eine Weile weitergehen. Außerdem wird 2017 in Japan ein wundervolles Event rund um *Ten Count* stattfinden.

Es würde mich sehr freuen, wenn ihr die beiden noch eine Weile begleiten würdet.

Rihito Takarai

TEN COUNT VON RIHITO TAKARAI

TOKYOPOP GmbH
Hamburg

TOKYOPOP
7. Auflage, 2022
Deutsche Ausgabe/German Edition

Aus dem Japanischen von Diana Hesse

First published in Japan in 2016
by SHINSHOKAN CO., LTD. Tokyo
German translation rights arranged with
SHINSHOKAN CO., LTD. and TOKYOPOP GmbH
through Tuttle-Mori Agency, Inc., Tokyo

Redaktion: Beatrice Tavares
Lettering: Vibrant Publishing Studio
Herstellung: Sonja Lesch
Druck und buchbinderische Verarbeitung:
CPI–Clausen & Bosse GmbH, Leck
Printed in Germany

MIX
Papier
FSC® C083411

Wir achten auf die Umwelt.
Dieses Produkt besteht aus FSC®-zertifizierten und anderen kontrollierten Materialien.

ISBN 978-3-8420-3267-5

www.tokyopop.de

STOPP!

Dies ist die letzte Seite des Buches!
Du willst dir doch nicht den Spaß verderben und das Ende zuerst lesen, oder?

Um die Geschichte unverfälscht und originalgetreu mitverfolgen zu können, musst du es wie die Japaner machen und von rechts nach links lesen. Deshalb schnell das Buch umdrehen und loslegen!

So geht's:

Wenn dies das erste Mal sein sollte, dass du einen Manga in den Händen hältst, kann dir die Grafik helfen, dich zurechtzufinden: Fang einfach oben rechts an zu lesen und arbeite dich nach unten links vor. Viel Spaß dabei wünscht dir TOKYOPOP®!